PAIDEIA
ÉDUCATION

HONORÉ DE BALZAC

Le Père Goriot

Analyse littéraire

© Paideia éducation.

22 rue Gabrielle Josserand - 93500 Pantin.

ISBN 978-2-75930-471-4

Dépôt légal : Septembre 2023

Impression Books on Demand GmbH

In de Tarpen 42

22848 Norderstedt, Allemagne

SOMMAIRE

- Biographie de Honoré de Balzac.................................. 9

- Présentation du *Père Goriot*....................................... 15

- Résumé du roman... 19

- Les raisons du succès.. 27

- Les thèmes principaux... 31

- Étude du mouvement littéraire................................... 35

- Dans la même collection... 39

BIOGRAPHIE DE HONORÉ DE BALZAC

Écrivain français né à Tours en 1799, Honoré de Balzac a exercé de nombreuses activités. Principalement connu comme romancier, il a également été dramaturge, critique d'art, essayiste, critique littéraire, journaliste ou encore imprimeur. *La Comédie Humaine*, qui regroupe pas moins de 137 livres, représente, aujourd'hui encore, une des œuvres les plus vastes de la littérature française.

D'abord pensionnaire au collège des oratoriens de Vendôme de 1807 à 1813, le jeune Balzac poursuivra sa scolarité au collège de Tours en 1814, avant d'intégrer, cette même année, la pension Lepître, puis l'institution de l'abbé Ganser en 1815, toutes deux situées dans le quartier du Marais à Paris.

En 1816, Balzac entre comme clerc chez un avoué, ami de son père. Il s'inscrit à la Faculté de Droit et suit, en parallèle, des cours à la Sorbonne, ainsi qu'au Muséum (Geoffroy Saint-Hilaire). Balzac se passionne alors pour la philosophie et affirme une vocation littéraire.

En 1819, la famille se retire de Paris et installe Balzac dans une petite mansarde pour lui permettre de tenter une expérience littéraire d'un an. Le tout jeune écrivain rédige alors une tragédie en vers, *Cromwell* (1821), qui sera un échec cuisant.

Un ami de la famille lui déconseille alors de poursuivre dans cette voie. Balzac décide donc de se consacrer au roman. Il rédige des œuvres dans le goût de l'époque, sous divers pseudonymes. En 1822, il fait la rencontre de Madame de Berny, plus âgée que lui, qui le soutiendra dans ses tâches et l'initiera au goût de l'Ancien Régime. Plus tard, l'auteur reviendra sur ses œuvres de jeunesse qu'il qualifiera lui-même de « cochonneries littéraires ».

Entre 1825 et 1828, Balzac abandonne quelques temps l'écriture et se consacre à de nouvelles activités. Tour à tour libraire, imprimeur et fondeur, il ressortira criblé de dettes de ces diverses expériences.

Il revient ensuite à la littérature et publie coup sur coup deux œuvres, en 1829, qui marqueront le début de son succès : *Les Chouans* et *Physiologie du mariage*. Balzac devient alors un auteur très prolifique et très en vue dans les milieux bourgeois parisiens. Il fréquentera également les salons, dont celui de la Comtesse d'Abrantès, avec qui il entretiendra une relation houleuse.

Durant un temps, Balzac est séduit par une carrière politique. En 1832, il défend des idées monarchistes et catholiques, en totale opposition avec ses opinions d'origine, et élabore une doctrine sociale basée sur l'autorité politique et religieuse.

À partir de 1833, commence sa correspondance avec la Comtesse Hanska, une admiratrice polonaise qu'il rencontre à plusieurs reprises en Saxe, en Suisse et en Russie. Balzac la courtisera durant dix-sept années avant de l'épouser. Ses lettres seront regroupées après la mort de l'auteur dans un recueil intitulé *Lettres à l'étrangère*.

Entre 1830 et 1835, Balzac produit de nombreux romans, qui traceront les grandes lignes de ce qui deviendra *La Comédie Humaine*. *La Peau de chagrin* (1831), *Louis Lambert* (1832), *Seraphîta* (1834) et *La Recherche de l'absolu* (1834) sont des « romans philosophiques ». Les « scènes de la vie privée » débutent avec *Gobsek* (1830) et *La Femme de trente ans* (1832) ; les « scènes de la vie parisienne » avec *Le Colonel Chabert* (1832). L'écrivain développe les « scènes de la vie de province » avec de véritables succès littéraires tels que *Le Curé de Tours* (1832) et *Eugénie Grandet* (1833). *Le Médecin de campagne* (1833) qui illustre, lui, les « scènes de la vie de campagne », met en place un système économique et social.

Le Père Goriot (1834) marque un tournant majeur dans

l'élaboration de *La Comédie Humaine*, puisque apparaissent, pour la première fois, des personnages déjà connus des lecteurs et donc présents dans certaines des œuvres publiées auparavant par Balzac. Ce système de personnages réapparaissant va contribuer à la mise en place d'une œuvre cyclique qui fera « concurrence à l'état civil » (Lagarde et Michard).

Entre 1835 et 1843, les œuvres se multiplient à un rythme effréné : *Le Lys dans la vallée* (1835), *Histoire de la grandeur et de la décadence de César Birotteau* (1837), *La Maison Nucingen* (1838), *Le Curé de village* (1839), *Béatrix* (1839), *Ursule Mirouët* (1841) ou encore *Illusions perdues* dont la rédaction s'étale de 1837 à 1843.

En 1838, Balzac fonde la « Société des Gens de Lettres » avec d'autres auteurs tels que Victor Hugo, George Sand ou encore Alexandre Dumas. Grand défenseur des droits des écrivains, il devient président de cette association en 1839. Émile Zola lui succédera par la suite.

Entre 1847 et 1848, Balzac séjourne chez la Comtesse Hanska. Il l'épousera en mai 1850 et ils s'installeront ensemble à Paris une semaine après. Frappé par la maladie, Balzac meurt le 19 août 1850. Il est inhumé au Cimetière du Père-Lachaise à Paris, où Victor Hugo prononcera son oraison funèbre.

Après sa mort, la Comtesse Hanska poursuit la publication des œuvres de Balzac, pour la plupart inachevées. La première édition complète de ses œuvres paraît en 1877.

PRÉSENTATION DU PÈRE GORIOT

La première partie du roman paraît dans *La Revue de Paris* le 14 décembre 1834, la seconde le 28 décembre, puis les troisième et quatrième le 18 janvier et le 1er février 1835. L'édition originale intégrale paraît au début du mois de mars 1835.

Le roman fait l'objet d'articles de presse élogieux. Les 1200 exemplaires de la première édition sont vendus, suivis d'un second tirage de 1000 exemplaires en mai 1835.

Le roman évoque le destin tragique du Père Goriot. L'amour irrationnel qu'il voue à ses deux filles fait de lui le Christ de la Paternité. Cette passion n'est cependant pas réciproque, les deux filles n'ont que faire d'un père, qui vêtu comme un pauvre, fait honte aux familles nobles dans lesquelles elles se sont insérées. Pourtant, le vieillard sacrifie sa fortune et sa santé pour répondre à leurs caprices et faciliter leur bonheur.

Cet amour démesuré est la clé du roman et dénote avec la machine parisienne où la sincérité du sentiment est chose volatile. L'histoire se déroule en plein cœur de Paris, ville mythique dans laquelle il faut faire ses preuves, c'est d'ailleurs ce que constate progressivement le jeune Rastignac, issu d'une misérable province, venu tenter sa chance à Paris.

La capitale résonne comme l'espoir d'une vie meilleure mais très vite le jeune homme comprend que les bons sentiments ne font pas les grandes fortunes et que les rouages de la société compris, c'est bien l'argent le moteur essentiel de ce lieu et non la vertu.

Pourtant, les destinées de ces deux hommes honnêtes, le père Goriot et Eugène Rastignac, se croisent, comme dans la savane parisienne où l'argent et l'image prennent le pas sur bonté.

Le roman s'inscrit dans *La Comédie humaine*, cette grande fresque humaine fidèle à la réalité, dans laquelle sont peints les différents types sociaux qui circulent dans Paris.

RÉSUMÉ DU ROMAN

Chapitre I

À la pension Vauquer, se côtoient des personnages au passé trouble et mystérieux dont les destinées se croisent pour certains. Eugène Rastignac, un jeune étudiant en droit venu tout droit de province à Paris, porte le lourd fardeau que représente l'espoir de sa famille pauvre, qui ne cesse de s'endetter pour lui assurer un avenir. Conscient de ses responsabilités, il est bien décidé à ne pas faillir dans sa mission et à se consacrer entièrement à ses études mais le fossé qui le sépare de la vicomtesse de Bauséant, sa cousine lointaine issue du monde aristocratique, le pousse de plus en plus à s'intéresser aux jeux parisiens.

À la pension, les rumeurs courent sur le père Goriot, l'ancien vermicellier, dont la fortune s'effiloche de jour en jour. Il devient le bouc émissaire de la pension, et supporte les plaisanteries moqueuses. Les pensionnaires accusent à tort le vieillard de dilapider ses biens pour entretenir des femmes du monde. Ce dernier explique à l'assemblée des pensionnaires que les femmes aperçues en pleine nuit dans sa pension ne sont autres que ses propres filles.

Mais ses explications ne suffisent pas : « Si le père Goriot avait des filles aussi riches qui paraissent l'être toutes les dames qui sont venues le voir, il ne serait pas dans ma maison [...] et n'irai pas vêtu comme un pauvre. »

Eugène s'éprend rapidement de la Comtesse Anastasie de Restaud mais en évoquant le nom du père Goriot, il se fait immédiatement congédié de l'appartement de la jeune femme. Cette réaction l'éclaire quant aux propos du père Goriot.

Il apprend par ailleurs la véritable nature du vieillard par le biais de Mme de Bauséant. Il est ému jusqu'aux larmes lorsqu'il apprend que le vieil homme a mis toute sa fortune à la disposition de ses filles Anastasie de Restaud et Delphine Nucingen depuis leur plus jeune âge, qu'il leur voue un amour infini mais qu'elles restent ingrates et guidées par le parfum seul de l'argent : « Il avait donné [...] ses entrailles, son amour ; il avait donné sa fortune en un jour. Le citron bien pressé, ses filles ont laissé le zeste au coin des rues. »

À la pension, le jeune homme se décide à défendre le vieillard contre les remarques vicieuses qui lui sont destinées.

Sous les conseils de Mme de Bauséant, devenue sa protectrice, et persuadé qu'il faut user de stratagèmes et de jeux peu vertueux pour réussir dans la capitale, il décide de s'immiscer dans la sphère aristocratique par le biais des femmes qui peuvent élever un homme au sommet.

Ainsi, il prend le risque de demander de l'argent à sa mère et ses sœurs, sans leur faire part de son plan. Conscient du sacrifice imposé à ses proches, Eugène culpabilise.

Chapitre II

Vautrin qui mesure l'ambition du jeune Rastignac lui explique avec un certain cynisme les rouages de la machine parisienne. Il lui propose alors un marché, il s'agirait pour Eugène de séduire Victorine Taillefer tandis que Vautrin s'occuperait d'assassiner son frère pour que la jeune femme bénéficie pleinement de l'héritage de son père : « En deux mots, si je vous procure une dot d'un million, me donnerez-vous deux cent mille francs ? » Eugène se fait réticent.

Eugène parvient grâce à la précieuse aide de Mme de Bauséant à se rapprocher de Mme de Nucingen. Il séduit la jeune femme mais découvre aussi ses difficultés financières qu'elle s'attache à dissimuler aux yeux du grand monde.

Eugène se lie d'une amitié sincère avec le père Goriot en lui livrant des nouvelles de sa fille. Le jeune homme prend conscience que l'argent et l'image sont deux choses essentielles pour gravir les échelons à Paris.

Chapitre III

Le commissaire de police Gondureau révèle à Mlle Michonneau la véritable identité de Vautrin, il s'agit en réalité d'un forçat évadé du bagne qui se fait nommer Trompe-la-mort. La jeune femme accepte en échange d'une bourse de lui administrer un somnifère et ainsi de le livrer aux autorités.

Les sentiments d'Eugène à l'égard de Delphine se font de plus en plus sincères et passionnels ce qui réjouit fortement le père Goriot qui voit dans le jeune homme le pouvoir de rendre sa fille véritablement heureuse.

Si le jeune étudiant se refuse à collaborer dans l'affaire criminelle de Vautrin, il semble impliqué malgré lui dans un pacte de plus en plus sombre. Il est inquiet quant au sort du frère de Victorine et décide de le prévenir du duel qu'on lui destine.

Mais le soir venu, il n'y parvient pas. L'annonce de la mort du jeune homme laisse planer le sentiment de la culpabilité dans le cœur d'Eugène.

Mlle Michonneau met son plan en action, Vautrin est arrêté.

Le Père Goriot fait découvrir à Eugène sa nouvelle demeure, rue d'Artois, qu'il s'est chargé de financer personnellement pour assurer le bonheur de sa fille et de son amant : « Le bon Dieu peut me faire souffrir tant qu'il lui plaira, pourvu que ce ne soit pas par vous. »

À la pension Vauquer, depuis l'arrestation de Vautrin,

les pensionnaires partent un à un.

Chapitre IV

Delphine et Anastasie viennent une fois de plus réclamer chez leur père de l'argent. Delphine se dit dupée par son époux qui tient d'une main ferme sa fortune personnelle et Anastasie n'est pas en mesure de rembourser les dettes contractées par son amant. A l'annonce de ces mauvaises nouvelles, le père Goriot tombe gravement malade, mais personne n'est à son chevet quand la mort le prend, excepté Rastignac qui l'appelle tendrement « papa ».

Le vieillard, à l'agonie demande à voir ses filles et, dans un râle de plus en plus douloureux, il se fait suppliant.

Rastignac en informe les deux jeunes femmes lors du bal organisé chez Mme Bauséant, mais il est confronté à leur indifférence. Eugène semble écœuré de toute cette méchanceté et de tant d'ingratitude.

Pour la première fois, le père Goriot se livre en toute sincérité et reconnaît sa passion démesurée comme sa plus grande faiblesse : « Elles ne m'aiment pas, elles ne m'ont jamais aimé ! »

Eugène se charge avec son ami Bianchon des frais occasionnés par la visite du médecin, et se charge également du linceul et du prêtre. Les gendres du père Goriot semblent ne pas se soucier de la mort du vieillard et restent totalement insensibles.

Anastasie arrive en larmes au chevet de son père, repentante, mais il est déjà bien trop tard.

Le père Goriot mort, le jeune étudiant se retrouve seul et défie la capitale : « À nous deux maintenant ! » Cette réplique retentit comme l'annonce de l'arriviste qui, après avoir compris les rouages d'une société dont l'unique moteur est l'argent, est prêt à tout pour réussir.

LES RAISONS
DU SUCCÈS

L'œuvre qui s'inscrit dans le monument annoncé par Balzac connaît un véritable triomphe et offre une cohérence à la fiction romanesque dans laquelle des personnages refont surface ou se croisent.

L'écrivain s'exprime en ces termes : « *Le Père Goriot* est un étourdissant succès. Les plus acharnés ennemis ont plié le genou. J'ai triomphé de tout, des amis comme des envieux. » Si la remarque témoigne de bien peu de modestie, elle est toutefois véridique.

L'histoire de ce Christ de la Paternité a séduit le public avec l'agressivité d'un tel dénuement ; et par la peinture des faces cachées d'une société parisienne qui surprend par le degré du vice qui y règne.

En effet, l'écrivain prévient d'entrée de jeu le lecteur : « Ah sachez-le : ce drame n'est ni une fiction, ni un roman. All is true, il est si véritable, que chacun peut en reconnaître les éléments chez soi, dans son cœur peut-être. »

Ainsi, le lecteur s'émeut de l'amour paternel surhumain qui caractérise le père Goriot dont la vie se résume au sacrifice. Le personnage semble si aveuglément bercé par une passion paternelle qu'il apparaît comme ne pouvant relever que de la pure fiction. Cela dit, Balzac dépeint des traits « vrais » qui permettent au lecteur de reconnaître, en ces types sociaux, des traits de caractères visibles dans la société.

L'œuvre s'inscrit donc pleinement dans le courant du réalisme, et dans *La Comédie Humaine* qui, bien qu'elle soit une œuvre de fiction se présente comme le tableau fidèle de la société française du début du XIXe siècle.

Le roman est écrit sous la Monarchie de Juillet et reflète l'atmosphère qui règne dans la capitale du début du XIXe siècle, dominée alors par la terreur des événements intervenus pendant la Révolution et l'Empire.

Le roman est pour le moins reçu avec une popularité

immédiate, bien que les réactions soient contrastées, le lecteur étant autant séduit par les qualités d'écriture de l'écrivain que par l'histoire émouvante de ses personnages dont les destinées se croisent dans ce Paris mythique.

LES THÈMES
PRINCIPAUX

Le thème principal du roman reste l'amour paternel dont fait preuve le père Goriot et, par voie de conséquence, l'ingratitude que lui voue ses deux filles, mais l'écrivain évoque également le rayonnement de Paris.

En effet, le père Goriot, que Balzac surnomme le Christ de la Paternité se caractérise par un amour sans égal pour ses filles. Sa passion paternelle paraît même invraisemblable aux yeux du lecteur qui ne peut admettre une telle folie.

Le vieillard s'est en effet sacrifié pour ses deux filles : « Il s'est sacrifié, parce qu'il était père : il s'est banni de lui-même [...] Il avait donné, pendant vingt ans, ses entrailles, son amour ; il avait donné sa fortune en un jour. » Il sacrifie ainsi son confort, sa santé, sa fortune pour deux filles qui répondent à un amour sans limite par l'indifférence.

Ces deux filles au cœur de pierre semblent guidées par l'intérêt et l'argent. Ainsi, elles viennent cyniquement lui réclamer de l'argent pour renforcer leur bien-être ou répondre à des caprices luxueux, mais ne semblent pas touchées de voir le père Goriot se ruiner pour leur folie et monter d'étage en étage dans la pension Vauquer. Il meurt dans une chambre complètement délabrée.

La sensibilité du vieillard émerveille le lecteur, c'est sans nul doute un père exemplaire. Mais force est de constater que cette passion n'est pas réciproque. L'ingratitude des deux filles et l'égoïsme dont elles font preuve restent incompréhensibles aux yeux du lecteur.

La passion du père Goriot est poussée jusqu'à la déraison. Il persiste à croire en leur amour, mais en pleine agonie il se livre en toute sincérité. Son témoignage est d'autant plus touchant qu'il avoue être conscient de n'être qu'un instrument pour ses filles : « En ce moment, je vois ma vie entière. Je suis dupe ! Elles ne m'aiment pas, elles ne m'ont jamais aimé ! »

Le rayonnement de Paris et l'ambition sont aussi évoqués

dans le roman.

En effet, la capitale fait figure de lieu mythique où se rencontrent les lieux de plaisir et les arrivistes.

Le contraste entre la Province et Paris est souligné par le jeune Eugène Rastignac qui découvre avec effroi les rouages de la machine parisienne. Le contraste est aussi bien géographique, que politique et culturel. La province qui représente l'ennui et l'immobilité contraste avec les opportunités de faire fortune à Paris.

Eugène comprend par Vautrin et Mme de Bauséant que la réussite ne repose pas sur les études mais sur les stratagèmes dont usent les hommes intelligents.

Ainsi, l'argent est le moteur essentiel de la réussite. La simple façade d'une fortune, même si elle n'est en réalité que fictive peut aider à se creuser une place dans la sphère parisienne.

Il s'agit de s'imposer dans un champ de bataille où les tentations et les dangers sont multiples. Eugène Rastignac est bien décidé à s'immiscer dans le grand monde et ce, à travers les femmes.

ÉTUDE DU MOUVEMENT LITTÉRAIRE

Pour bien saisir l'enjeu du *Père Goriot*, il faut sans aucun doute replacer l'œuvre dans son contexte littéraire. Influencé par Saint-Hilaire, qui défend l'idée que les espèces animales sont conditionnées par leurs milieux, Balzac décide d'étendre ce principe aux Hommes et à la société qui les entoure, en portant sur eux un regard attentif et minutieux.

Le roman devient le théâtre d'une histoire des mœurs, représentative de l'époque de Balzac. Tous les milieux sociaux sont décrits, commentés, mis en scène. Il s'agit d'une véritable étude scientifique de la société balzacienne, portée par un projet inédit : *La Comédie Humaine*.

Ce projet hors du commun rompt avec une tradition qui reléguait le roman à l'arrière-plan, puisqu'il était alors perçu comme un genre littéraire peu noble et qui ne répondait à aucune règle fixe. À travers cette œuvre gigantesque qu'est *La Comédie Humaine*, qui regroupe pas moins de 3000 personnages différents, Balzac se fait l'inventeur du roman moderne. Il exploite tous les genres de cette catégorie avec des romans fantastiques, psychologiques, philosophiques, historiques, politiques, poétiques, etc.

L'écrivain donne ainsi un nouveau souffle au roman, qu'il inscrit dans une veine volontairement réaliste. Il s'agit désormais de dépeindre l'ensemble de toute une société par le biais de descriptions précises et approfondies. Mais il s'agit également de donner une réelle profondeur psychologique à des personnages qui seront représentatifs de toute cette société.

Les romans balzaciens observent avec précision et finesse la société du temps de l'auteur. Tous les milieux sociaux y sont dépeints, toutes les professions y sont représentées. Et c'est en cela que Balzac développe un renouveau du roman. L'ensemble de la société est passée au peigne fin pour en extraire les moindres détails qui deviendront la matière-même des récits de l'écrivain.

Cette nouvelle dimension donnée au genre romanesque influencera de nombreux écrivains par la suite. *Le Lys dans la vallée* et *La Femme de trente ans* inspireront directement *L'Éducation sentimentale* et *Madame Bovary* de Gustave Flaubert. Et le système de cycle romanesque de *La Comédie Humaine* sera repris plus tard chez Émile Zola avec les *Rougon-Macquart*, ou encore chez Marcel Proust à travers *La Recherche du temps perdu*.

Le réalisme avec lequel Balzac écrit ses romans ouvrira clairement la voie aux naturalistes, tels que Flaubert, Zola ou encore les frères Goncourt. Le concept de naturalisme, défini par Émile Zola, poussera à l'extrême l'expérience du réalisme. Il s'agira, notamment, d'appliquer la méthode des sciences expérimentales pour étudier les réalités humaines, en s'attachant à dépeindre tout particulièrement les bas-fonds de la société.

DANS LA MÊME COLLECTION
(par ordre alphabétique)

- **Anonyme**, *La Farce de Maître Pathelin*
- **Anouilh**, *Antigone*
- **Aragon**, *Aurélien*
- **Aragon**, *Le Paysan de Paris*
- **Austen**, *Raison et Sentiments*
- **Balzac**, *Illusions perdues*
- **Balzac**, *La Cousine Bette*
- **Balzac**, *La Femme de trente ans*
- **Balzac**, *Le Colonel Chabert*
- **Balzac**, *Le Lys dans la vallée*
- **Barbey d'Aurevilly**, *L'Ensorcelée*
- **Barbey d'Aurevilly**, *Les Diaboliques*
- **Bataille**, *Ma mère*
- **Baudelaire**, *Les Fleurs du Mal*
- **Baudelaire**, *Petits poèmes en prose*
- **Beaumarchais**, *Le Barbier de Séville*
- **Beaumarchais**, *Le Mariage de Figaro*
- **Beauvoir**, *Mémoires d'une jeune fille rangée*
- **Beckett**, *En attendant Godot*
- **Beckett**, *Fin de partie*
- **Brecht**, *La Noce*
- **Brecht**, *La Résistible ascension d'Arturo Ui*
- **Brecht**, *Mère Courage et ses enfants*
- **Breton**, *Nadja*
- **Brontë**, *Jane Eyre*
- **Camus,** *L'Étranger*
- **Carroll**, *Alice au pays des merveilles*
- **Céline**, *Mort à crédit*

- **Céline**, *Voyage au bout de la nuit*
- **Chateaubriand**, *Atala*
- **Chateaubriand**, *René*
- **Chrétien de Troyes**, *Perceval*
- **Cocteau**, *La Machine infernale*
- **Cocteau**, *Les Enfants terribles*
- **Colette**, *Le Blé en herbe*
- **Corneille**, *Le Cid*
- **Crébillon fils**, *Les Égarements du cœur et de l'esprit*
- **Defoe**, *Robinson Crusoé*
- **Dickens**, *Oliver Twist*
- **Du Bellay**, *Les Regrets*
- **Dumas**, *Henri III et sa cour*
- **Duras**, *L'Amant*
- **Duras**, *La Pluie d'été*
- **Duras**, *Un barrage contre le Pacifique*
- **Flaubert**, *Bouvard et Pécuchet*
- **Flaubert**, *L'Éducation sentimentale*
- **Flaubert**, *Madame Bovary*
- **Flaubert**, *Salammbô*
- **Gary**, *La Vie devant soi*
- **Giraudoux**, *Électre*
- **Giraudoux**, *La Guerre de Troie n'aura pas lieu*
- **Gogol**, *Le Mariage*
- **Homère**, *L'Odyssée*
- **Hugo**, *Hernani*
- **Hugo**, *Les Misérables*
- **Hugo**, *Notre-Dame de Paris*
- **Huxley**, *Le Meilleur des mondes*
- **Jaccottet**, *À la lumière d'hiver*
- **James**, *Une vie à Londres*
- **Jarry**, *Ubu roi*
- **Kafka**, *La Métamorphose*

- **Kerouac**, *Sur la route*
- **Kessel**, *Le Lion*
- **La Fayette**, *La Princesse de Clèves*
- **Le Clézio**, *Mondo et autres histoires*
- **Levi**, *Si c'est un homme*
- **London**, *Croc-Blanc*
- **London**, *L'Appel de la forêt*
- **Maupassant**, *Boule de suif*
- **Maupassant**, *Le Horla*
- **Maupassant**, *Une vie*
- **Molière**, *Amphitryon*
- **Molière**, *Dom Juan*
- **Molière**, *L'Avare*
- **Molière**, *Le Malade imaginaire*
- **Molière**, *Le Tartuffe*
- **Molière**, *Les Fourberies de Scapin*
- **Musset**, *Les Caprices de Marianne*
- **Musset**, *Lorenzaccio*
- **Musset**, *On ne badine pas avec l'amour*
- **Perec**, *La Disparition*
- **Perec**, *Les Choses*
- **Perrault**, *Contes*
- **Prévert**, *Paroles*
- **Prévost**, *Manon Lescaut*
- **Proust**, *À l'ombre des jeunes filles en fleurs*
- **Proust**, *Albertine disparue*
- **Proust**, *Du côté de chez Swann*
- **Proust**, *Le Côté de Guermantes*
- **Proust**, *Le Temps retrouvé*
- **Proust**, *Sodome et Gomorrhe*
- **Proust**, *Un amour de Swann*
- **Queneau**, *Exercices de style*
- **Quignard**, *Tous les matins du monde*

- **Rabelais**, *Gargantua*
- **Rabelais**, *Pantagruel*
- **Racine**, *Andromaque*
- **Racine**, *Bérénice*
- **Racine**, *Britannicus*
- **Racine**, *Phèdre*
- **Renard**, *Poil de carotte*
- **Rimbaud**, *Une saison en enfer*
- **Sagan**, *Bonjour tristesse*
- **Saint-Exupéry**, *Le Petit Prince*
- **Sarraute**, *Enfance*
- **Sarraute**, *Tropismes*
- **Sartre**, *Huis clos*
- **Sartre**, *La Nausée*
- **Senghor**, *La Belle histoire de Leuk-le-lièvre*
- **Shakespeare**, *Roméo et Juliette*
- **Steinbeck**, *Les Raisins de la colère*
- **Stendhal**, *La Chartreuse de Parme*
- **Stendhal**, *Le Rouge et le Noir*
- **Verlaine**, *Romances sans paroles*
- **Verne**, *Une ville flottante*
- **Verne**, *Voyage au centre de la Terre*
- **Vian**, *J'irai cracher sur vos tombes*
- **Vian**, *L'Arrache-cœur*
- **Vian**, *L'Écume des jours*
- **Voltaire**, *Candide*
- **Voltaire**, *Micromégas*
- **Zola**, *Au Bonheur des Dames*
- **Zola**, *Germinal*
- **Zola**, *L'Argent*
- **Zola**, *L'Assommoir*
- **Zola**, *La Bête humaine*
- **Zola**, *Nana*